AF542608

LE
PETIT MONSTRE
ET L'ESCAMOTEUR,

FOLIE-PARADE EN UN ACTE,

PAR Mrs. DE St.-GEORGES ET SIMONNIN;

Musique de M. MILLER;

REPRÉSENTÉE, POUR LA PREMIÈRE FOIS, A PARIS, SUR LE THÉATRE DE LA GAITÉ, LE 7 JUILLET 1826.

PRIX : UN FRANC.

A PARIS,

CHEZ BOUQUIN DE LA SOUCHE, LIBRAIRE,

Éditeur du Boileau et du Molière chacun en un seul volume in-18,

BOULEVARD SAINT-MARTIN, N°. 3.

1826.

PERSONNAGES.	ACTEURS.
BEAUMODÈLE, mouleur-sculpteur...	M. *Parent.*
DOIGTS-LÉGERS, escamoteur, son ami..........................	M. *Mercier.*
NARCISSE, bossu, rival de Beaumodèle..........................	M. *Bouffé.*
NICOLAS, apprenti de Beaumodèle...	M. *Duménis.*
BELOEIL, borgne, ancien apothicaire d'Etampes	M. *Plançon.*
VICTOIRE, sa fille, aimée de Beaumodèle..........................	Mlle. *Gougibus.*
UN CAPORAL........................	M. *Picou.*
DEUX FUSILLIERS.	

La scène est à Paris, chez Beaumodèle et Beloeil qui demeurent ensemble.

Le Théâtre représente un atelier de mouleur-sculpteur en plâtre : ça et là des bustes, des bras, des jambes et autres objets relatifs. Sur le devant de la scène, à gauche, une vieille table de bois grossier, contenant des outils, du plâtre, etc. Il y a aussi un petit cornet, une plume, et du papier. Dans le fond, à droite, une statue d'Ésope, revêtue d'une tunique : au second plan, à droite, est une trappe qui couvre l'escalier de la cave.

Au lever du rideau, la trappe de la cave est fermée, et la statue d'Ésope est couverte.

De l'Imprimerie de J.-S. CORDIER fils, rue Thévenot, N° 8.

LE PETIT MONSTRE

ET L'ESCAMOTEUR,

FOLIE-PARADE EN UN ACTE.

SCÈNE I.

BELOEIL, *assis, tenant un journal;* NICOLAS, *assis, la plume à la main;* VICTOIRE, *debout, tenant une cage dans laquelle est un petit serin.*

BELOEIL.

Ah! ça, écoutez bien...

NICOLAS.

Nous sommes tout oreilles.

BELOEIL, *lisant le journal.*

Première représentation du Monstre...

VICTOIRE, *à son oiseau, accrochant la cage.*

Baisez, petit fils, baisez, petit mignon.

BELOEIL.

Voyons! laisse-là ton oiseau, et écoute-moi...

VICTOIRE.

Oui, papa!... (*Elle s'asseoit et se met à broder.*)

BELOEIL, *lisant.*

« Première représentation du Monstre... Le magicien » Zametti, désirant animer un monstre qui est son ou» vrage... »

NICOLAS, *écrivant.*

Qui est son ouvrage...

BELOEIL, *continuant.*

« S'adresse à un génie de sa connaissance qui sort d'un » caveau bien noir... et lui apporte une bouteille...

NICOLAS.

De vin?

BELOEIL.

On ne dit pas... (*continuant*). « Au moyen de quoi...
» le magicien donne la vie à son ouvrage. (*s'interrom-*
« *pant*). Peste, j'irai voir ça !

VICTOIRE.

Papa, c'est-il arrivé ?

BELOEIL.

Certainement que c'est arrivé... c'est arrivé d'Angleterre !... ne m'interrompt donc pas...

NICOLAS, *lisant ce qu'il a écrit.*

« Donne la vie à son ouvrage peste j'irai voir ça !

BELOEIL, *à Nicolas.*

Qu'est-ce que tu fais donc là, toi ?

NICOLAS.

Je copie l'journal à mesure que vous lisez...

BELOEIL.

Et pourquoi faire ?

NICOLAS.

C'est pour lire ça chez la portière d'en face, elle racontera ça au facteur, le facteur au perruquier, le perruquier à la fruitière, la fruitière à la mercière, qui est une commère... et de mercière en commère, ça f'ra le tour du quartier.

BELOEIL.

Tu ferais bien mieux d'aller soigner le souper.

NICOLAS.

Ah ! j'avons le temps, M. Beaumodèle, mon maître et votre neveu, qui sera votre gendre demain, n'est pas prêt de rentrer...

BELOEIL.

Tout ça me semble louche.

NICOLAS, *d'un air mystérieux.*

Et à moi donc, M. Belœil, depuis queuque temps, tous les soirs après le souper... j'l'entendons d'not' soupente qui s'promène dans l'atelier où il fait des discours tout seul avec ses statues de plâtre...

BELOEIL, *l'interrompant.*

Silence, Nicolas... ce jeune homme est fou de son art... au reste, mon compère Doigts-légers est dans le secret de Beaumodèle, et je l'attends pour savoir ce qui en est...

VICTOIRE.

Est-ce que tout ça nous empêchera de partir demain matin pour Saint-Cloud, où je dois épouser mon cousin Beaumodèle chez ma tante...

NICOLAS.

Allons donc, vos places qui sont retenues pour cinq heures sur le bateau à vapeur...

VICTOIRE.

J'emmènerai petit fils, mon petit oiseau.

BELOEIL.

Les places sont retenues... c'est vrai... Mais cette union dépend du secret de Beaumodèle, mon gendre ne doit rien avoir de caché pour sa femme... et je ne m'explique pas...

VICTOIRE, *pleurant.*

Allez, je vois bien que vous avez encore envie de me faire épouser votre vilain M. Narcisse.

BELOEIL.

Narcisse n'est pas vilain de figure, ma fille... on dit même qu'il a une tête antique très-agréable... il est vrai que le buste est un peu de travers à ce que m'a mandé son père... mon ancien confrère, quand j'étais pharmacien à Etampes... Je lui avais promis de t'unir à son fils... mais depuis deux mois qu'il a dû me l'expédier par la voiture de l'hirondelle... le jeune homme n'a pas paru...

VICTOIRE.

Pourvu qu'il ne se retrouve qu'après mon mariage.

BELOEIL.

Oui, car s'il se retrouvait avant, il faudrait renoncer à Beaumodèle...

VICTOIRE.

Dieu ! tarde-il à rentrer !

NICOLAS.

J'parie qu'il est retourné au Monstre... Le Monstre! ça m'fait peur rien que d'y penser...(*Il fait la grosse voix.*) Oh! oh!

BELOEIL ET VICTOIRE, *commençant à avoir peur.*

Tais-toi donc!... (*Ils se serrent l'un contre l'autre.*)

VICTOIRE.

Tu fais peur à mon petit oiseau!...

NICOLAS.

D'puis qu'il est question d'ça, j'crois toujours entendre un revenant dans la cave, qui monte dans l'atelier, et qui me dit... (*Il fait la grosse voix.*) Je suis le Monstre!...

SCÈNE II.

Les Précédens, DOIGTS-LÉGERS.

DOIGTS-LÉGERS, *qui était derrière eux tout près, s'avance.*

Qu'est-ce que c'est?

TOUS, *criant avec effroi.*

Ah!...

DOIGTS-LÉGERS.

Eh bien! qu'est-ce que vous avez donc?

VICTOIRE, *troublée.*

Pardon, mon parrain, c'est que nous vous avons pris pour le Monstre!...

DOIGTS-LÉGERS.

C'est flatteur!...

BELOEIL, *avec empressement.*

Eh bien, Doigts-légers, as-tu vu mon neveu Beaumodèle?

DOIGTS-LÉGERS.

Je l'ai vu!... je lui avais donné rendez-vous sur la place Maubert, où je charmais le public en avalant des muscades à la grande satisfaction des connaisseurs... Je venais de m'engager à escamoter avec le même succès un enfant de cinq ans... mais Beaumodèle a paru, et les arts ont laché pied devant l'amitié!

BELOEIL.

Oh! je sais que tu es un escamoteur distingué!...

DOIGTS-LÉGERS.

Qu'appelez-vous escamoteur?... physicien, s'il vous plaît! demandez à tout le monde! allez sur toutes les places! et dites : messieurs! mesdames! il n'est personne parmi l'aimable société qui n'ait entendu parler du célèbre... je pourrais même dire du fameux Doigts-légers!... Messieurs! mesdames! Doigts-légers est-il escamoteur ou physicien?... on vous répondra : Doigts-légers a commencé par escamoter, vû que Paris n'a pas été fait dans un jour; mais Doigts-légers né z'avec une imagination bouillante et des mains qui ne restaient pas les bras croisés, a fait insensiblement des progrès sensiblement sensibles dans l'état honorable de l'escamotage, ce qui l'a lancé dans la physique, où il a des connaissances très-étendues, étant lié z'avec plusieurs bourgeois de Lyon, Bordeaux, Marseille et autres contrées lointaines!... Voilà ce qu'on vous répondra, père Belœil!... voilà ce qu'on vous répondra!...

DOIGTS-LÉGERS.

Doigts-légers... encore une fois, que sais-tu de Beau-modèle...

VICTOIRE.

Ah! mon dieu, mon parrain, est-ce que vous allez en dire du mal?

DOIGTS-LÉGERS, *sans l'écouter.*

Le jeune homme est artiste... artiste distingué... (*découvrant la statue d'Ésope.*) En voilà la preuve!....

NICOLAS.

Elle est jolie la preuve!...

DOIGTS-LÉGERS.

La nature l'a moulé pour être mouleur... cet Ésope est un chef-d'œuvre!.. il n'a pas pu copier cette même nature à la vérité, attendu que malgré son insertion aux Petites-affiches, il ne s'est présenté aucun bossu pour modèle... mais votre neveu, père Belœil, veut sortir de sa sphère... heureusement que je suis là pour le remettre dedans...

BELOEIL.

Bah !

DOIGTS-LÉGERS.

C'est comme j'ai l'honneur de vous le dire... en un mot, Beaumodèle est une victime du Monstre !

VICTOIRE, *effrayée.*

Ah ! mon dieu !

DOIGTS-LÉGERS.

Depuis que ledit Monstre est arrivé par le paquebot... il s'est figuré qu'il pouvait faire parler... boire et manger ses statues comme des personnes naturelles...

BELOEIL.

Il est fou ! il n'aura pas ma fille...

VICTOIRE.

Est-il possible ?

DOIGTS-LÉGERS.

Rassurez-vous, belle filleule, j'ai décidé votre père à vous faire épouser le cher cousin : et dès demain, la folie de l'objet de vos feux sera corrigée, rectifiée, et considérablement diminuée.

BELOEIL.

Il faut lui donner une bonne leçon !

DOIGTS-LÉGERS.

Juste !... j'y ai pensé !... j'ai fait croire à Beaumodèle qu'au moyen de deux pincées de poudre de perlinpinpin...

BELOEIL ET NICOLAS.

Perlin ?...

DOIGTS-LÉGERS.

Pinpin... c'est une décoction de la poudre de Patagon !... je lui ai fait croire qu'avec ça, il animerait son Esope, en prononçant quelques phrases incompréhensibles comme celles qu'on débite à la Porte-Saint-Martin, par exemple... et ce soir même il doit en faire l'expérience.

BELOEIL.

Ce soir !

DOIGTS-LÉGERS.

Ce n'est pas tout, père Belœil, il faut monter la tête du jeune homme avec une de ces vieilles bouteilles de Champagne que vous laissez moisir dans le fond de votre cave.

BELOEIL.

Ça se trouve bien, Nicolas m'en a monté une pour le souper.

NICOLAS.

Ma foi, c'est l'avant-dernière : l'autre est cachée sous un tonneau vide, et M. Beaumodèle n'en sait rien, parce que, comme la trappe de la cave est là, dans cet atelier, il pourrait bien... (*il fait signe de lever le coude pour boire.*) et l'on me mettrait ça sur le dos... au surplus, quant à la bouteille qui reste, qu'il y prenne garde!... j'ai mis quelque chose dedans, que s'il y touche, il verra... il s'ra joliment attrapé.

DOIGTS-LÉGERS, *avec mystère.*

Après souper, il sera un peu en train! nous, nous ferons semblant d'aller nous coucher, nous resterons aux aguêts pour le prendre sur le fait; et nous nous moquerons alors de M. Beaumodèle, à seule fin de lui apprendre que l'ambition est une vilaine passion, et que tôt ou tard on reçoit la punition de sa présomption, ça sera la morale en action!...

TOUS, *joyeux.*

Oui, oui, nous nous moquerons de lui!...

NICOLAS, *venant du fond.*

Silence!... le v'là... le v'là qui vient...

VICTOIRE, *allant voir dans le fond.*

Oh! comme il a l'air sombre et rêveur!

SCÈNE III.

Les Précédens, BEAUMODÈLE.

BEAUMODÈLE, *arrivant en inspiré, et plein d'admiration pour ce qu'il vient de voir.*

O génie!... ô... ô esprit créateur!... ô... (*apercevant Belœil.*) Comment ça va-t-il?

BELOEIL.

Bien, et toi, mon garçon ?...

BEAUMODÈLE.

Ah ! ne m'en parlez pas ! c'est magnifique !... surtout quand M. Zametti s'écrie : (*déclamant*). Quoi !... je puis animer mon ouvrage ! je puis lui donner la vie !... et j'hésiterais !...

VICTOIRE.

Mais voyez donc s'il fera attention à moi !...

BEAUMODÈLE, *toujours en inspiré.*

Et quel beau moment encore, quand toujours le même M. Zametti dit au Monstre... (*apercevant Victoire.*) Bonsoir Victoire !... c'est demain que nous partons pour Saint-Cloud !...

VICTOIRE.

C'est bien heureux, que vous me parliez !...

BEAUMODÈLE, *reprenant le ton déclamant.*

Misérable !... qu'il lui dit... c'est moi qui t'ai donné l'existence et l'avis...

DOIGTS-LÉGERS.

Comment, l'existence et la vie...

BEAUMODÈLE.

Laisse-moi donc achever... c'est moi qui t'ai donné l'existence, et l'avis que je reçois... il reçoit un avis de sa belle qui lui conseille de renoncer à son ouvrage, mais c'est plus fort que lui !... il tient à son Monstre !... et je conçois ça ! c'est un si beau morceau !...

BELOEIL.

C'est donc une belle pièce !!

BEAUMODÈLE.

Du tout ! ce n'est pas une belle pièce, ni même une bonne pièce, c'est une pièce curieuse !...

DOIGTS-LÉGERS.

Puisque ça arrive de Londres, et que ça a passé la Manche !...

BELOEIL.

Alors c'est une autre paire de... et je ne m'étonne plus si c'est horrible!...

BEAUMODÈLE, *bas à Doigts-légers, lui montrant Esope.*

Mais ce soir, grâce à tes conseils... (*avec frayeur*). Oh! oh!.. ça me fait un drôle d'effet d'y penser... est-ce qu'il faut être seul, pour ça?..

DOIGTS-LÉGERS, *bas.*

Du courage...

VICTOIRE.

Mais à quoi êtes-vous donc, monsieur?

BEAUMODÈLE, *d'un air tendre.*

Victoire, je suis tout à notre amour. (*découvrant son Esope*). Comment le trouves-tu?

DOIGTS-LÉGERS.

Horrible.., c'est la beauté du personnage.

BEAUMODÈLE, *avec enthousiasme.*

Oui... oui... je veux qu'il soit parlant.

DOIGTS-LÉGERS, *bas à Belœil.*

Vous l'entendez!... parlant!... c'est bien ça!... (*à part*). Pressez le souper...

BELOEIL, *bas à Doigts-légers.*

Suffit..... allons, allons, demain nous partons de bonne heure, mes enfans. Nicolas!.. le souper est-il prêt?

NICOLAS.

Oui, tout est prêt: pendant ce temps là, je vas ranger l'atelier... (*bas à Belœil*). pour le Monstre!...

BELOEIL, *bas à Doigts-légers.*

Il va ranger l'atelier pour le Monstre!...

DOIGTS-LÉGERS, *bas à Beaumodèle.*

Il va ranger l'atelier pour... (*Belœil le tire par son habit, et il n'achève pas*).

BELOEIL.

En ce cas !... à table ! à table !...

BEAUMODÈLE, *à part.*

Allons prendre des forces pour notre entreprise !... (*Il regarde un instant son Ésope avec passion, et suit les autres. Tout le monde sort excepté Nicolas*).

SCÈNE IV.

(*La nuit vient par degrés ; un orage se prépare*).

NICOLAS, *seul regardant sortir Beaumodèle.*

A-t-y l'air drôle donc, not' maître !... comme il a regardé son vilain Esope en s'en allant !.. Dieu ! allons-nous nous moquer d'lui ! avec ses idées d'faire parler c'bossu-là !... (*il s'en approche et le découvre*). Ah ! mon dieu ! il m'semble qu'il m'fait des yeux !... eh ! bien ! j'crois qu'j'ai peur, moi !... non, non, j'n'ai pas peur... (*il se retourne*). J'crois avoir entendu marcher !... j'suis-t-y bête, donc !... dame aussi, c'est leux idées d'monstre qui m'trottent dans la tête ! et puis v'là qu'il fait nuit... et rester tête-à-tête avec M. Ésope !... (*il passe devant la statue et s'arrête*). Pourtant il a l'air bonne personne !... (*s'adressant à la statue*) : Vot' serviteur, M. Ésope !... la santé va bien ?... madame votre épouse ?... la petite famille ?... il est gentil !.. je finirais par m'accoutumer à sa figure !.. gn'y a que ce bras qui m'fait peur !.. (*d'un air effrayé*). Oh ! ce bras !..., et ç'te main qu'est au bout !... on dirait une main de tête de mort !... s'il t'nait quelque chose encore !... une fable !... puisqu'il en f'sait... (*refléchissant*). Eh ! mais !... j'ai c'qu'il lui faut... essayons.. (*il tire de sa poche le papier sur lequel il a écrit l'article du journal que Belœil a lu à la première scène*). M. Ésope, voulez-vous lire le journal ?... (*il met son papier dans la main de la statue.*) c'est comme si ça l'était, puisque j'ai écrit... (*regardant la statue qui tient son papier.*) Eh bien, à la bonne heure ! (*il entend venir les autres acteurs.*) Ah ! mon dieu, v'là not' maître, qu'est-ce qu'il dirait, s'il m'voyait toucher à son bossu !... (*il baisse précipitamment la toile, et ne pense pas à retirer son papier, qui reste toujours dans la main de la statue, laquelle est maintenant couverte.)*

SCÈNE V.

NICOLAS, BELOEIL, BEAUMODÈLE, DOIGTS-LÉGERS, VICTOIRE, *ils ont tous des flambeaux à la main.*

BELOEIL.

Ah! mon dieu! quelle nuit qu'il fait!... quelle pluie! (*On voit des éclairs et l'on entend le tonnerre.*)

BEAUMODÈLE, *à Doigts-légers.*

Exactement comme la nuit du Monstre!

DOIGTS-LÉGERS, *du même ton.*

C'est trop heureux.

BELOEIL, *avec ivresse.*

Ah ça, mes enfans... il faut se séparer, et demain matin en route.

BEAUMODÈLE, *à part.*

Enfin, je vas être libre!!

DOIGTS-LEGERS, *bas à Beaumodèle.*

Le moment est venu!

BEAUMODÈLE, *s'oubliant.*

Oui, oui, il est venu! et je suis décidé!!!

BELOEIL, *l'interrompant.*

A quoi?

BEAUMODÈLE, *revenant à lui.*

A bien employer cette nuit, père Belœil...

BELOEIL.

Et nous aussi, mon ami, et nous aussi... bonsoir!... bonsoir, Beaumodèle!...

BEAUMODÈLE, *avec impatience.*

Bonsoir!... bonsoir!...

VICTOIRE, *avec malice.*

Pensez à moi...

NICOLAS, *à part.*

Oui... qu'elle y compte!...

TOUS, *revenant l'un après l'autre, et d'un air railleur.*

Bonsoir!... bonsoir, Beaumodèle, bonne nuit!...

(*Ils sortent.*)

SCÈNE VI.

(*Il fait nuit sur le théâtre : il y a un chandellier allumé sur la table ; à côté est un rat-de-cave.*)

BEAUMODÈLE, *seul.*

Je suis seul!.. (*soupirant.*) Ce n'est pas sans peine!.. (*après un temps.*) O art!... ô science!... ô chimie!... que j'étudie depuis huit jours!... inspirez-moi! éclairez-moi! échauffez-moi!... brûlez-moi, même, si vous voulez... je me suis fait assurer, moi, mes meubles, mon atelier, et mon Ésope!... ô mon Ésope! nous allons donc causer ensemble! quel honneur ça me fera dans le quartier!... et quand on pense qu'avec quelques paroles qui n'ont pas le sens commun, le Monstre... à quoi tiennent les réputations!... allons n'hésitons plus!... (*il lève la toile qui couvre la statue d'Ésope et voit le papier que Nicolas a laissé dans la main.*) O ciel! qu'ai-je vu!.., quel miracle!... quel enchantement!... ce papier qu'il me présente lui-même... (*après avoir lu rapidement.*) Des mots détachés... mais je comprends à demi-mots... un génie... une bouteille!... une cave... (*à son Ésope.*) Oui, oui, je t'entends, intéressant vieillard... (*montrant la trappe.*) La cave, la voici!... la bouteille... y est sans doute!... le génie... c'est mon affaire... oui, oui, pauvre Ésope, tu parleras!... tu nous feras encore de jolies fables!... je suis sûr que la langue lui démange déjà... (*il lève la trappe, et revient à son Ésope.*) Je crois t'entendre déjà nous réciter ton *Corbeau et* ton *Renard*, ta *Cigale* et ta *Fourmi*... *Le Rat de ville et le Rat des champs*... et le rat-de-cave qu'il faut que j'allume... (*il allume le rat-de-cave.*) Allons, allons, cette nuit va être le plus beau jour de ma vie!... (*il descend à la cave, et laisse la trappe ouverte.*)

SCÈNE VII.

NARCISSE, *seul.*

(*Il ne montre d'abord que sa tête, et frappe doucement trois petits coups à la porte.*) Peut-on entrer ?... hein... (*il s'avance un peu.*) M. Beaumodèle, s'il vous plaît ?... tiens, gn'y a personne ! pourtant il n'est pas couché, puisque la porte est ouverte !.... enfin, c'est égal, me v'là !... j'ai appris par les *Petites-Affiches* que M. Beaumodèle avait besoin d'un modèle pour un Ésope, et me v'là !.. je sais bien que ce n'est pas là l'heure de se présenter, mais quand on a des raisons... et des créanciers qui ont prise de corps sur vous... aussi je ne sors que la nuit !.. je suis comme les chauve-souris !... c'est assez désagréable, surtout quand il tombe du bouillon ! je suis trempé comme une soupe ! et ça m'inquiète, parce qu'enfin un modèle qui a un rhume de cerveau... ça éternue... et ça dérange le système d'immobilité... et un modèle ça n'doit pas plus remuer qu'une borne.... aussi connu... j'ai souvent posé pour la tête... aujourd'hui... il paraît que c'est pour la bosse... ah ça, mais il n'vient pas l'bourgeois... ma foi j'vas tôter mon habit en attendant... il n'est pas mouillé, c'est l'chat. (*il le presse, il en sort de l'eau.*) S'il y avait par là quelque vieille robe de chambre... (*apercevant la statue d'Ésope.*) Eh bien, mais c'est ça !... ce mannequin peut bien me prêter sa robe... (*regardant de près.*) Tiens, c'est un Ésope ! c'est sans doute pour lui que je dois poser... (*il ôte son habit, et le jette sur la trappe ouverte.*) C'est humiliant ! parce qu'enfin Ésope n'était pas le plus bel homme de son siècle !... mais quand on n'a pas le sou ; j'ai bien une lettre de mon père, apothicaire d'Étampes, pour un de ses amis, M. Belœil, dont je dois épouser la fille !... mais je n'étais pas pressé d'voir le papa... j'avais d'l'argent, j'ai fait des farces... tiens ! c'te farce... mais à présent il s'agit de trouver père Belœil... faut que l'hymen paie mes dettes... et mon père n'a pas pu mettre son adresse sur la lettre, il ne la sait pas... (*il aperçoit de la lumière dans la cave.*) Ah ! ah !... v'là quelqu'un qui remonte de la cave... c'est sans doute M. Beaumodèle... oui, c'est bien ça! on m'a dit que c'était un gros bel homme!... ah! il me vient une idée!... j'ai envie de lui donner un échantillon de mon savoir-faire comme modèle!... j'ai déjà le costume!... mettons-nous là!... *(il s'assied à la place de l'Ésope de plâtre qu'il couche par terre dans un coin; riant.)* Je peux bien représenter un Grec, j'ai la figure grecque... très-grecque!... tiens! c'te farce!...

SCÈNE VIII.

NARCISSE, *à la place de la statue d'Ésope*, BEAUMODÈLE, *revenant de la cave.*

BEAUMODÈLE, *tenant une bouteille et son rat-de-cave d'un air inspiré.*

La voilà!... la voilà!... je la tiens!... *(l'orage recommence.)* La pluie tombe par torrent!... un éclair... *(regardant du côté de la croisée.)* Non, c'est le reverbère, c'est égal, c'est effrayant... et c'est inspirateur!... *(Il baisse la trappe sans faire attention à l'habit de Narcisse qui tombe dans la cave, et va s'asseoir sur une chaise.)*

NARCISSE, *à part.*

Eh ben! il n'est pas gêné le bourgeois! v'là mon habit dans la cave!... un habit tout neuf!... il va y être frais!...

SCÈNE IX.

Les Précédens, DOIGTS-LÉGERS.

DOIGTS-LÉGERS, *entrant furtivement, sans être vu de Beaumodèle ni de Narcisse, au moment où Beaumodèle referme la trappe.*

Tiens, il sort de la cave!

BEAUMODÈLE, *se levant et marchant à grands pas.*

O bouteille précieuse! ce n'est pas sans peine que je t'ai

trouvée... cette cave est si sombre!.. mais le petit vin du beau-père a ranimé mon courage...

NARCISSE, *à part, sans être entendu.*

Ah ça, mais j'vas descendre moi!... s'il ne me regarde pas!...

BEAUMODÈLE, *avec force.*

Et dire que ce trésor était caché sous un tonneau vide!

DOIGTS-LÉGERS, *à part.*

En v'là un bonne... la dernière bouteille de Champagne de Beloeil...

BEAUMODÈLE, *regardant Narcisse qu'il prend pour la statue.*

O Ésope! c'est pour toi seul cette liqueur bienfaisante!..

NARCISSE, *à part.*

Tiens! il paraît qu'il fait boire la goutte à ses statues!..

BEAUMODÈLE.

Oui, c'est pour toi!... pour toi seul!...

NARCISSE, *à part.*

Ah! par exemple!... à nous deux, à la bonne heure!..

DOIGTS-LÉGERS, *à part.*

Est-il bête! il s'imagine que ça va faire remuer cette statue.

BEAUMODÈLE, *à Narcisse qu'il prend pour la statue.*

O toi! le plus parfait de mes ouvrages! toi le mieux fait des bossus!... *(il reste en extase.)*

NARCISSE, *à part.*

Merci!

BEAUMODÈLE, *se retournant vivement.*

Hein?.. j'ai cru entendre. *(regardant Narcisse.)* Cette figure qui ne dit rien, demande la parole... eh bien... *(Il met la bouteille sous le nez de Narcisse, et lui fait sauter le bouchon au nez avec explosion, un feu d'artifice sort de la bouteille.)*

NARCISSE, *criant et se levant en tenant son nez.*

Ah! la la! ah! la la!... c'est des bêtises ça! c'est des bêtises!...

BEAUMODÈLE, *se sauvant de Narcisse.*

O ciel...

DOIGTS-LÉGERS, *effrayé.*

Ça remue! ah bon dieu! ça remue! au secours!...

TOUS, *dans le plus grand effroi.*

Au secours!... au secours!...

SCÈNE X.

Les Précédens, BELOEIL, VICTOIRE, NICOLAS.

TOUS LES TROIS, *effrayés.*

Qu'est-ce qu'il y a donc!.. qu'est-ce qu'il y a donc!..

BEAUMODÈLE, *avec effroi leur montrant Narcisse.*

Regardez!... mon ouvrage qui marche!...

TOUS, *apercevant Narcisse.*

Ah!...

NARCISSE.

Mais regardez-moi donc!...

TOUS, *le regardant.*

Ah! le monstre!...

NICOLAS, *effrayé.*

Un monstre cheux nous!... je cours chercher la garde!... (*il sort en courant.*)

NARCISSE, *courant après eux.*

Comment... comment... un monstre!...

BELOEIL.

Ah! quelle horreur!... il parle!...

DOIGTS-LÉGERS.

Au moins l'autre de là bas ne dit rien du tout!...

NARCISSE.

Eh bien! certainement que je parle!... tiens, cette farce!... (*à Belœil.*) Ah ça!... voyons, papa, écoutez-moi donc!... (*il s'approche de Belœil.*)

BELOEIL, *jettant un cri.*

Ah! le monstre!.. (*il se sauve: en se sauvant Belœil heurte sa fille qu'il prend pour un fantôme et jette encore un cri d'effroi. Victoire heurtée par son père, en a peur, et se sauve aussi en criant; en se sauvant elle heurte Beaumodèle, qui heurte Doigts-légers, ce qui les fait crier tous.*)

(*Belœil et Victoire se sauvent; Beaumodèle et Doigts-légers vont pour se sauver aussi, mais Narcisse se trouve alors devant eux, et leur ferme le passage.*)

BEAUMODÈLE, *à Narcisse.*

O mon ouvrage!... vois ton ouvrage!...

NARCISSE, *voulant s'approcher.*

Eh ben! quoi donc!...

BEAUMODÈLE, *s'étant saisi d'un bras d'Hercule de plâtre dont il menace de frapper Narcisse.*

Retire-toi d'ici!... où tu vas sentir ce que pèse mon bras!

DOIGTS-LÉGERS, *se saisissant d'une jambe d'Achille.*

Oui!... défends-toi!...

(*Beaumodèle et Doigts-légers poursuivent Narcisse, qui se saisit du bras de plâtre dont Beaumodèle allait le frapper, le casse en deux morceaux, et le jette par terre. Ensuite Narcisse se trouve sur une trappe qui s'enfonce sous lui et le fait disparaître très-rapidement.*)

BEAUMODÈLE.

Le monstre est enfoncé!...

(*Narcisse lève la trappe avec sa tête, qu'il montre comme pour sortir; mais Beaumodèle et Doigts-légers le font disparaître chaque fois, en frappant sur la trappe avec le bras et la jambe de plâtre, dont ils sont armés; ils finissent par fermer tout à fait la trappe.*)

DOIGTS-LÉGERS.

Enfin il ne reviendra plus!...

BEAUMODÈLE.

Je l'espère!... (*à Doigts-légers avec effusion.*) Cher ami!... il ne reviendra plus!... (*ils s'embrassent; pendant ce temps-là, Narcisse sort de sa trappe, les effraye et les fait crier de nouveau, puis il se sauve par un paneau du fond représentant plusieurs bosses de sculpture. La disparition de Narcisse par ce paneau, doit se faire avec la rapidité de l'éclair.*)

BEAUMODÈLE.

Heureusement je connais les êtres!... (*Il sort par le même paneau et aussi rapidement que Narcisse.*)

SCÈNE XI.

DOIGTS-LÉGERS, ensuite NARCISSE.

DOIGTS-LÉGERS.

Ah ça, par où sont-ils passés?... (*Il regarde le paneau par où Narcisse et Beaumodèle sont sortis.*) Il se sont fait des bosses dans les bosses!... Et Beaumodèle qui me laisse là!... voilà bien les amis!... par où est-ce que je vas m'en aller, moi?... ma foi, allons-nous en par la porte!... je ne vois que ça!... (*Il va pour sortir par la porte du fond, et voit Narcisse qui entre, le saisit au cou, et l'amène sur le devant de la scène; il crie de nouveau avec effroi.*) Oh! là, là!... c'est fait de moi!.... (*Il retombe à terre, où il reste étendu, se cachant la figure pour ne pas voir Narcisse dont il a peur.*)

NARCISSE.

Eh ben! voyons, regardez-moi donc!

DOIGTS-LÉGERS, *étendu par terre.*

O monstre! au nom des arts, laissez-moi!

NARCISSE.

Encore une fois, regardez-moi donc, voyons!...

DOIGTS-LÉGERS, *toujours à terre.*

Non, petit monstre, je ne veux pas vous regarder.

NARCISSE.

Mais que diable! regardez-moi donc!.., je suis bossu, c'est vrai, mais j'ai une belle figure!...

DOIGTS-LÉGERS, *le regardant.*

Eh! mais!... cette figure, je la connais...

NARCISSE.

Tiens! c'est Doigts-légers, l'escamoteur...

DOIGTS-LÉGERS.

Tiens! c'est ce farceur de Narcisse!... (*Il se lève.*) Et par quel hasard, farceur!...

NARCISSE.

Je me présentais pour être modèle, le bourgeois était à la cave, je pris la place de mon Sosie, afin de donner tout de suite une preuve de mon talent dans l'art de poser; mais enfin, un modèle n'est pas un monstre; il ne serait pas modèle s'il était monstre; tiens, c'te farce!....

DOIGTS-LÉGERS.

Tu ne devines pas?... c'est à cause de celui de la Porte Saint-Martin!...

NARCISSE.

Eh bien! ils sont honnêtes!... ils sont gentils!...

DOIGTS-LÉGERS.

Ce cher Narcisse qui me payait à déjeûner aux Barreaux-

Verts, après mes séances de physique, sur la place des Innocens!...

NARCISSE, *frappant sur son gousset.*

Oui, mais il n'y a plus moyen de faire le bourgeois!... aussi, je pose!... et dès que j'aurai trouvé le beau-père, je me marierai...

DOIGTS-LÉGERS, *désignant la bosse de Narcisse.*

Avec cet inconvénient?...

NARCISSE.

Ma bosse!... eh bien! qu'est-ce ça fait ça, ma bosse!... tiens, c'te farce!... pour celle-là, on ne dira pas que c'est ma femme qui en est la cause!... et puis d'ailleurs, comme dit la chanson :

Depuis longtemps je me suis aperçu
De l'agrément qu'on a d'être bossu!..
Quand un bossu, etc.

DOIGTS-LÉGERS.

Et quel est ce beau-père dont tu ne m'as jamais parlé... ami peu confiant?

NARCISSE.

C'est z'un nommé Belœil!...

DOIGTS-LÉGERS, *à part.*

Quoi, c'est là le prétendu de Victoire!

NARCISSE.

J'ai une lettre de mon père.... pour lui; mais mon père... n'a pas eu l'adresse de mettre l'adresse sur l'adresse.

DOIGTS-LÉGERS.

Quelle maladresse!.. (*A part.*) S'il se présente... Beaumodèle est perdu... Narcisse ignore chez qui il est.... faut escamoter le rival! (*Haut.*) Je connais Belœil et j'vas t'y conduire! (*A part.*) Plus souvent.

NARCISSE.

Ah! quel bonheur!... oui, mais je ne peux pas y aller avec cette robe d'Ésope!... et mon habit qui est tombé dans la cave!...

DOIGTS-LÉGERS.

Eh bien! j'y descends...

NARCISSE.

Oui, il sera propre... c'est pour le coup que je ferais peur à ma future.

DOIGTS-LÉGERS.

Je cours te chercher un costume!... je te l'apporte, tu l'endosses, et partez muscade!... (*A part.*) Le jour approche... je ferai partir les amans pour Saint-Cloud par le bateau à vapeur, comme c'est convenu..... et Narcisse... il posera...

NARCISSE.

Eh bien! vas donc!...

DOIGTS-LÉGERS.

Attends-moi, je reviens avec la rapidité de la carte qui, sous les traits du roi de cœur ou de la dame de pique, s'élance du jeu qui est dans ma main, et va se retrouver sous un de mes gobelets, au désir et à la volonté d'une personne quelconque de la société!... prou!... disparaît!...,
(*Il sort.*)

SCÈNE XII.

NARCISSE, *seul.*

A-t-il du bagoût, ce diable de Doigts-légers!... en a-t-il?... il se croit toujours sur la place, au milieu de ses flâneurs... Eh bien! j'y pense... ma lettre, pour le beau-père, qu'est restée dans mon frac! v'là un rat-de-cave.... tiens, on ne me mangera pas pour descendre là-dedans. (*il ouvre la trappe et descend quelques marches*). D'ailleurs, si le bourgeois se fâche, je lui dirai pourquoi qu'il y a jeté mon habit... on reprend son bien où on le trouve, tiens c'te farce!.. (*Il descend à la cave.*)

SCÈNE XIII.

BEAUMODÈLE, *suivi de* BELOEIL, *qui est suivi de* VICTOIRE. (*Le jour est venu.*)

(*Ils arrivent doucement d'un air craintif, l'un après l'autre, se tenant chacun au vêtement de celui qui est devant lui.*)

BEAUMODÈLE, *montrant d'abord sa tête seulement.*

Il n'est plus là!.. (*il entre peu à peu.*) Il n'est plus là!..

BELOEIL, *montrant d'abord sa tête seulement.*

Il n'y est plus!.. (*il entre peu à peu; à Victoire qui est derrière lui.*) Il n'y est plus!..

VICTOIRE, *s'avançant peu à peu.*

Ah!... il n'y est plus!...

BEAUMODÈLE, *apercevant la statue qui est dans un coin.*

O ciel!.. le voilà!.. (*s'approchant.*) Silence! il dort!..

TOUS, *allant regarder la statue.*

Il dort!...

BEAUMODÈLE.

Est-ce heureux!

SCÈNE XIV.

Les Précédens, DOIGTS-LÉGERS, *tenant un habit.*

DOIGTS-LÉGERS, *à part en entrant.*

Ah! ah! Narcisse est parti!... (*jettant l'habit qu'il tient.*) Il se sera ennuyé d'attendre. (*haut s'approchant.*) Eh bien! êtes-vous rassurés, vous autres?...

TOUS, *à Doigts-légers.*

Silence... il dort!

DOIGTS-LÉGERS.

Qui...

BEAUMODÈLE, *à voix basse.*

Lui!..

DOIGTS-LÉGERS.

Qui lui?

BELOEIL.

Le Monstre...

DOIGTS-LÉGERS.

Où donc?

BEAUMODÈLE, *lui montrant la statue avec précaution.*

Là...

DOIGTS-LÉGERS, *à part retenant un éclat de rire.*

Ouf... quelle idée!

BELOEIL, *prenant la main de sa fille.*

Allons... allons, ma fille... partons.

BEAUMODÈLE.

Quoi! sans moi!

BELOEIL.

Faire des monstres!... jamais vous ne serez mon gendre...

DOIGTS-LÉGERS.

Un moment, père Belœil... Beaumodèle peut encore épouser votre fille. (*A part.*) Allons, une expérience physique et morale sur le cœur du jeune homme.

BELOEIL.

Comment!...

DOIGTS-LÉGERS, *à Beaumodèle.*

Voici ma filleule!.. voici ta statue!.. il faut renoncer à l'une ou à l'autre! opte!...

BEAUMODÈLE.

Faut que j'opte!...

DOIGTS-LÉGERS.

Il faut que tu optes!..

VICTOIRE, *à part.*

Que-va-t-il faire?...

BELOEIL *à Beaumodèle.*

Songes-y bien!... le bateau à vapeur va partir, nous y montons, et fouette cocher!...

BEAUMODÈLE, *après avoir regardé tour-à-tour la statue et Victoire; d'une voix étouffée.*

L'amour l'emporte!... (*Il va prendre la statue.*) J'anéantirai cet objet de ma gloire!...

DOIGTS-LÉGERS.

Profite de son sommeil!

BEAUMODÈLE, *embrassant la statue.*

Adieu! cher ouvrage de mes mains!... adieu, Esope... (*Avec émotion.*) Il faut nous séparer!...

DOIGTS-LÉGERS, *le conduisant auprès de la cave, pendant qu'il tient toujours sa statue dans ses bras, et ouvrant la trappe.*

La trappe fera ton bonheur.

SCÈNE XV.

Les Précédens, NICOLAS *amenant deux soldats et un caporal.*

NICOLAS, *à la garde.*

Tenez... l'bourgeois le tient!...

BEAUMODÈLE, *avec énergie.*

O les arts !.. (*Il jette la statue dans la cave et l'on entend Narcisse crier : oh ! là ! là !*)

LE CAPORAL, *s'avançant.*

C'est abominable ! ça ! Messieurs ! jetter un homme dans une cave !... Je vous arrête tous !...

TOUS.

Ah ! mon Dieu !

DOIGTS-LÉGERS.

Rassurez-vous, caporal, c'est un homme de plâtre !..

LE CAPORAL.

Comment ! un homme de plâtre qui crie !

BEAUMODÈLE.

C'est un montre !...

BELOEIL, *au caporal.*

Puisqu'on vous dit que c'est un monstre !

LE CAPORAL.

Qu'est-ce que ça me fait à moi, il a crié toujours !...

DOIGTS-LÉGERS.

C'est une idée !...

LE CAPORAL.

Je l'ai bien entendu !.. (*Aux soldats.*) Empêchez que personne ne sorte !... (*A Nicolas.*) Et toi, conduis-moi à la cave. (*Il le pousse devant lui.*)

NICOLAS, *s'arrêtant devant la descente de la cave.*

Après vous, mon caporal.

(*Au moment où le caporal va pour descendre à la cave, Narcisse en sort, et cause un effroi général.*)

SCÈNE XVI.

Les Précédens, NARCISSE, *sortant de la cave; il tient une bouteille à la main, et son habit sous le bras.*

TOUS, *avec étonnement et effroi.*

Qu'est-ce que c'est que ça ?

NARCISSE, *sortant de la cave.*

Ah ça, mais, je ferai donc toujours de l'effet !

DOIGTS-LÉGERS, *à part.*

Encore Narcisse!

BEAUMODÈLE, *regardant Narcisse qu'il prend en criant statue.*

A-t-il la vie dure!...

DOIGTS-LÉGERS, *à part.*

Empêchons l'explication!... hâtons le départ des amans!... (*haut.*) Dites donc, caporal!... vous voyez bien qu'on n'a pas jetté d'homme dans la cave!... et que ces messieurs peuvent partir!...

LE CAPORAL.

Qu'est-ce donc qui a crié?

NARCISSE.

C'est moi, donc! tiens! c'te farce! j'ai crié de peur! il m'est tombé une statue à côté de moi, et c'est bien heureux... si elle m'était tombée sur le dos, ça m'aurait fait deux bosses!... et c'est bien assez d'une!... tiens! c'te farce!...

DOIGTS-LÉGERS, *au caporal.*

Les raisons de cet individu vous paraissent satisfaisantes!.. et chacun peut aller à ses affaires?...

LE CAPORAL.

A l'exception de monsieur... (*il désigne Narcisse.*) dont il faut que je voie les papiers...

BELOEIL.

Les papiers d'Ésope!...

DOIGTS-LÉGERS, *bas à Beaumodèle.*

Dépêche-toi de partir!... ce bossu est ton rival!... c'est lui qui avait pris la place de ton Ésope!... on t'expliquera le reste un autre jour!... va-t-en! va-t-en! il n'y a pas un instant à perdre!...

BEAUMODÈLE, *regardant Narcisse.*

Mon rival!... venez! papa Belœil! venez, Victoire!...

VICTOIRE.

On dirait que je vas me trouver mal!...

BEAUMODÈLE.

Vous vous trouverez mal sur le bateau à vapeur!...

(*Beaumodele, Belœil et Victoire sortent, Narcisse veut sortir aussi, mais la garde le tient en respect.*)

SCÈNE XVII.

DOIGTS-LÉGERS, NARCISSE, NICOLAS, LE CAPORAL, LA GARDE.

LE CAPORAL, *parcourant les papiers de Narcisse et lisant l'adresse d'une lettre.*

» A monsieur, mousieur Belœil!...

NICOLAS.

Tiens! M. Belœil, c'est not' maître!

NARCISSE.

Et où demeure-t-il ton maître?

NICOLAS.

Il doit demeurer actuellement sur le bateau qui part pour Saint-Cloud... le v'là qui sort.

NARCISSE.

Quoi! ce borgne était Belœil!.. je cours après eux!..

LE CAPORAL, *lui rendant ses papiers.*

Vous pouvez sortir; vos papiers sont en règle...

DOIGTS-LÉGERS, *retenant Narcisse.*

Un instant! beau Narcisse!...

NARCISSE.

Laisse-moi donc, toi!... tiens!... t'es bon enfant de me retenir!... ma lettre qu'il faut que je porte à M. Belœil! Sa fille qu'il faut que j'épouse!... pour payer mes dettes.

DOIGTS-LEGERS.

Si tu ne veux que de l'argent, je te laisse aller!... jure-moi ta parole de renoncer à la main de Victoire.

NARCISSE.

Je te le jure... foi de bossu!... *(il lui tappe dans la main.)* Et je m'en vas là-dessus!... *(il sort, le caporal et les deux fusiliers sortent aussi.)*

NICOLAS.

Grâce au ciel et au caporal, nous en v'là débarrassés!...

DOIGTS-LÉGERS.

C'est bien heureux!... n'est-ce pas?

NICOLAS, *regardant par une coulisse.*

V'là le bateau à vapeur qui part!... *(on entend la*

cloche du bateau à vapeur.) Tiens, l'bossu qui cherche à les ratrapper!... (*il sort, Doigts-légers reste en scène.*)

(*Le théâtre change à vue, et représente la rivière : on voit le bateau à vapeur sur lequel sont Belœil, Beaumodèle et Victoire; bientôt la rivière déborde et vient jusqu'à l'avant-scène : Narcisse s'y jette à la nage; les flots se soulèvent comme pendant un fort orage; Narcisse lutte contre les flots pour gagner le bateau à vapeur, où il arrive enfin.*)

NARCISSE, *criant de dessus le bateau.*

Adieu! Doigts-légers!... c'est arrangé!... je n'épouse pas!...

DOIGTS-LÉGERS.

Tant mieux!... allons, bon voyage.

TOUS, *criant de dessus le bateau.*

Merci!... adieu!... adieu!...

(*Ils se présentent tous la main, se faisant leurs adieux de la voix et du geste.*)

(*On voit sur le bateau, Beaumodèle ouvrant les bras à Narcisse; ils s'embrassent.*)

DOIGTS-LÉGERS, *sur le devant de la scène, contemplant le tableau du fond.*

Tableau pittoresque et moral!... (*en déclamant.*) Ces deux rivaux qui tout à l'heure étaient, si j'ose m'exprimer ainsi, à couteaux tirés!... sont maintenant dans les bras l'un de l'autre! ce qui prouve que Beaumodèle est devenu raisonnable, et que tôt ou tard un cœur égaré par l'ambition, peut encore rentrer dans le bon chemin, aussi facilement que la muscade vagabonde rentre dans ma gibecière à mon commandement!... Messieurs, mesdames, vouloir vous plaire par cette bagatelle, est peut-être un tour de force, ou d'adresse ou de passe-passe!... mais daignez nous prêter votre indulgence, afin que nous puissions dire : Encore un succès d'escamoté!... (*à l'orchestre.*) Allez, la musique!...

FIN.

www.ingramcontent.com/pod-product-compliance
Lightning Source LLC
LaVergne TN
LVHW010012230826
846092LV00002B/782